SUITE DES RÉFLEXIONS SUR LA TRAGÉDIE,

OÙ L'ON REPOND A Mr DE VOLTAIRE.

Par Monsieur DE LA MOTTE, *de l'Academie Françoise.*

A PARIS,
Chez GREGOIRE DUPUIS, ruë saint Jacques, à la Couronne d'or.

M. DCC. XXX.
Avec Approbation & Privilege du Roy.

A MONSIEUR DE VOLTAIRE.

JE suis ravi, Monsieur, de vous voir si allarmé de ce que j'ai pû dire contre les Vers. Je songe d'abord à ce que nous promet cette chaleur à les défendre. Vous nous donnerez sans doute encore beaucoup d'Ouvrages dans ce genre; & j'ose le dire, j'y gagnerai moi-même autant que personne : car quoique je n'estime pas la versification plus qu'elle ne vaut, quand j'y réflechis ; je l'aime, dès que je lis de beaux Vers, autant que si la raison ne m'avoit pas éclairé sur son vrai mérite. Vôtre délicatesse sur cette matiere vous a fait illusion. Vous avez crû la Poësie enveloppée dans les reproches que je fais aux Vers. On est soupçonneux à l'égard de ce qu'on aime. Vôtre titre déclare que vous combattez mes sentimens sur la Poësie : mais prenez-y garde, je n'ai

A ij

pas dit un mot contre elle : j'ait fait seulement quelques réflexions sur les Vers. Ce sont deux choses bien distinguées, quoiqu'elles soient assez souvent unies : j'ai vû même bien des gens s'étonner que je perdisse du tems à en prouver la distinction, parce qu'ils ne comprenoient pas que personne pût la nier : mais vous voïez bien que je n'avois pas tant de tort, puisque vous-même, tout versé que vous êtes dans la matiere, vous paroissez les confondre l'une avec l'autre. Ne craignez rien, Monsieur ; quand on interdiroit les Vers aux Génies poëtiques, ils trouveroient bien encore l'occasion & les moïens d'être Poëtes en Prose.

Venons à la maniere dont vous combattez mes sentimens. Vôtre précipitation à me répondre, & vôtre facilité à dire avec grace ce qui se présente à vôtre esprit, ont fait que vous ne vous êtes pas mis en peine de m'entendre, & que vous avez crû pouvoir vous passer d'exactitude. Il en arrive que vous réfutez tout ce que je n'ai pas dit, & que vous ne répondez presque pas un mot à ce que j'ai dit ; méprise qui vous divertiroit vous-même, si vous la pouviez voir d'un œil indifférent. Suivons l'ordre de vôtre Préface ; & s'il est vrai, comme je n'en doute point, que vous ne cherchiez que la vérité, tâchons de la découvrir enſemble.

Après avoir parlé de vôtre Oedipe du ton du monde le plus modeſte, en y reconnoiſſant des défauts, & ſans en relever les beautez, vous ajoûtez que vous êtes bien loin de faire une Poëtique à l'occaſion de vôtre Tragédie, & de là, ce qui n'eſt plus ſi modeſte, vous parlez avec dedain de ces raiſonnemens délicats, tant rebattus depuis quelques années, & inutiles aux progrès de l'art. Il ſemble, & j'aime à croire que c'eſt contre vôtre intention, que vous vouliez jetter ſur mon Ouvrage ce double reproche de répétition & d'inutilité.

Pour la répétition, je crois n'en être pas coupable. J'ai tâché de dire des choſes neuves, non pas abſolument ignorées ; mais peu traitées, & confuſes du moins dans la plûpart des eſprits. C'eſt une nouveauté aſſez grande que de démêler des principes dont bien des gens ſe ſont douté quelquefois, mais qu'ils n'ont fait qu'en-

A iij

trevoir; & ce ne seroient plus des véritez, si le fond en étoit absolument étranger à de bons esprits.

A l'égard de l'inutilité: j'ai dit moi-même que mes réflexions, en les supposant judicieuses, ne seroient que d'un foible secours à ceux qui voudroient se donner au Théatre; & je les renvoïe à une école plus sûre, au Théatre même, pour y étudier ce qui plaît & ce qui doit plaire. Mais vous, Monsieur, au lieu de rendre justice à ma franchise, vous abusez de ma pensée; & elle devient fausse entre vos mains.

Les réflexions sur les arts, & sur tout, des arts aussi compliquez & aussi étendus que celui de la Tragédie, ne sont pas d'aussi peu d'usage que vous le pensez; & les vrais principes n'en sont pas si simples que vous le dites. Les Pradons & les Boïers les ont connus, dites-vous, aussi-bien que les Racines & les Corneilles: Oüi, Monsieur, les Pradons & les Boïers ont connu les grandes regles, les unitez, la liaison des scenes, l'exposition, le nœud, le dénoüement, & jusqu'à un certain point, la nécessité de soutenir les caracteres, & d'imiter les paſſions ; mais ils n'ont pas connu dans tout cela le meilleur choix ; en un mot, les ſources immédiates du plaiſir. Ce qu'ils obſervoient ne le produiſoit pas néceſſairement. Les réflexions importantes ſont celles dont l'exécution entraîneroit par elle-même l'émotion & l'intérêt ; & ce ſont celles-là qui abregeroient ſouvent bien du chemin à des genies qui s'égareroient long-tems, s'ils ne les faiſoient, ou ſi on ne les leur faiſoit faire.

Corneille lui-même, ce Reſtaurateur du Théatre, n'a-t-il pas long-tems chancelé ſur les principes? Et depuis qu'il eut pris ſon eſſor dans le Cid, n'apprit-il rien de la Critique de l'Academie ? Cinna & Polieucte ne prouvent-ils pas bien l'utilité des réflexions ? Racine n'apprit-il rien depuis Alexandre juſqu'à Andromaque. Il apperçut ſans doute, ou quelqu'un lui fit appercevoir, que dans Alexandre ſes perſonnages étoient trop raiſonneurs ; & que la beauté des Vers ſans la vivacité des paſſions n'intéreſſe que foiblement le Spectateur. Il prit une nouvelle route dans Andromaque : il mit ſes Acteurs dans des ſituations plus vives ; & par la chaleur des

A iiij

passions il atteignit le vrai but de la Tragédie, il arracha des larmes. Quand un Auteur de quelque ressource a fait une piece malheureuse au Théatre, il étudie les raisons de sa chute ; & il reconnoît, malgré qu'il en ait, qu'il avoit ignoré quelque chose: car s'il avoit vû qu'il devoit déplaire, il n'auroit sûrement pas hazardé un Ouvrage qu'il ne donne que pour sa gloire. Le fruit qu'il tire de son examen sert bien-tôt à le relever de sa chute ; & si ce qu'il s'est dit à lui-même étoit écrit, ne pourroit-il pas être pour ses Confreres de la même utilité qu'il l'est pour lui même ?

Pauline & Severe, dites-vous, sont les véritables maîtres du Théatre. Ce discours est d'un homme sensible & qui est frappé vivement des beautez : mais, souffrez que je le dise, on est la dupe de son plaisir, quand on en conclud qu'on est suffisamment instruit. On est échauffé, il est vrai ; on désire de produire de pareilles beautez, & quand on a vos talens, Monsieur, on s'en sent capable. Il reste pourtant à étudier l'art de les amener, ce qui suppose bien des réflexions que l'excès même de la sensibilité empêche souvent de faire: il faut du sens froid pour réfléchir. Ne seroit on pas bien obligé à celui qui nous applaniroit les voïes, & qui mettroit, pour ainsi dire, nos talens à leur aise, en leur donnant leurs sûretez. Enfin, Monsieur, quand les réflexions seroient inutiles aux Poëtes, ce que vous sentez bien qui n'est pas, le seroient-elles aux Spectateurs? Sont-ils indignes de nôtre attention? Leur est-il indifférent de connoître un art dont ils s'amusent? & de savoir justifier leur degoût, ou leur plaisir? Chacun est jaloux de sa raison, Monsieur: on aime à la perfectionner; & telle est la dignité de l'homme, on n'acquiert point de lumieres sans plaisir, quand même on y perdroit des illusions agréables.

Je ne cherche donc, Monsieur, en vous répondant, qu'à m'éclairer moi-même, ou à vous donner lieu de m'éclairer. Heureux les combats où le vaincu, s'il est raisonnable, remporte le même avantage que le vainqueur, je veux dire la vérité! Ce que le vainqueur a de plus n'est souvent qu'un sot orgüeil qui, loin d'ajoûter à son gain, en rabat beaucoup.

Vous dites que je prétens abolir les anciennes regles des unitez ; & vous voulez les défendre. Je vous prie d'obferver d'abord que, fi je les attaque, c'eft du moins fans intérêt, ce qui fait un préjugé favorable pour mon fentiment. Quand on établit des principes pour juftifier fa conduite, ils font fufpects, puifqu'on en a befoin ; mais quand on en établit contre fa conduite même, il y a lieu de croire qu'on ne confulte que la raifon. Je n'ai fait que quatre Tragédies ; & j'ofe me vanter, puifqu'il le faut, d'y avoir été du moins auffi fidéle aux unitez que nos plus grands maîtres. On ne fauroit me reprocher de m'être affranchi d'aucune des contraintes établies. Ce n'eft donc pas pour moi que je prétens élargir la carriere, c'eft pour nos fucceffeurs, c'eft pour vous-même, Monfieur, fi vous en avez le courage, quand des beautez fupérieures à ces regles arbitraires demanderont que vous les violiez. Je veux, dites-vous, profcrire ces unitez ; car qui en attaque une les attaque toutes. Voilà deux méprifes tout à la fois : l'une de m'imputer ce que je n'ai pas dit ; & l'autre, de faire vous-même une propofition fauffe.

Pour ce qui me regarde, j'ai trouvé l'unité d'action, fondamentale; & les deux autres, utiles; j'en ai même dit les raisons; & je n'en ai condamné que la superstition, qui coûte quelquefois ce qui vaudroit mieux que ces regles.

Pour ce qui vous regarde, réflechissez-y un moment; & vous préviendrez sans doute mes raisons. Ces trois unitez que vous croïez si étroitement unies, sont au contraire très-indépendantes l'une de l'autre. Il y a unité de tems & de lieu dans les Horaces; & cependant il y a deux actions; Il y a unité d'action dans la Judith de Boïer, car les noms ne font rien ici à nôtre affaire; & cependant il y a deux lieux, Bethulie & le Camp d'Holoferne; & ne croïez pas récuser l'exemple, en disant que la piece est mauvaise d'ailleurs. Quelqu'autre défaut qu'elle puisse avoir, elle n'en prouvera pas moins que l'unité d'action n'est pas détruite par la multiplicité des lieux.

Je ne vous cite pas la Toison d'or de Corneille; vous me diriez peut-être que c'est une piece en machines. La réponse ne seroit pas valable, puisque la différence des lieux n'y eſt pas l'effet de la machine, mais ſouvent dans la diſpute on n'a pas la force de ceder à la raiſon, dès qu'on peut ſaiſir un prétexte pour s'y dérober.

Je vous dirai plus, Monſieur ; l'Unité d'intérêt eſt encore indépendante des trois autres unitez, puiſque dans le Cid il n'y a unité ni de tems, ni de lieu, ni d'action, & que cependant l'unité d'interêt y ſubſiſte toujours, puiſqu'il n'y tombe jamais que ſur Rodrigue & ſur Chimene, ce qui prouve très-bien en paſſant que l'unité d'intérêt eſt très-diſtinguée de l'unité d'action.

Comment avez-vous pu penſer un moment que l'unité d'action entrainât celle de lieu ? Conſultez la Nature & le Théatre même : tout vous contredit également. Dans la nature il n'eſt jamais arrivé qu'une action auſſi étenduë que celle de nos Tragédies, ſe ſoit paſſée dans le même lieu. Il eût fallu trop de hazards ſinguliers qui ne ſe trouvent jamais enſemble. Il n'appartient qu'à l'art de raſſembler toutes les circonſtances néceſſaires à ſon deſſein par un grand nombre de ſuppoſitions qu'il lui plaît d'appeller vrai-ſemblables, ne pouvant les appeller vraïes. Au Théatre même, l'action la plus une a plusieurs parties qui se passent dans des lieux différens : il est vrai qu'on en rassemble les récits dans le même lieu : mais ces récits ne sont pas l'action ; & n'est-il pas vrai qu'elle consiste beaucoup plus dans ce qu'on fait, que dans ce qu'on raconte ?

Prouvons tout de suite & par la même raison, que l'unité de tems n'emporte pas celle de lieu : car puisque dans nos Tragédies les différentes parties de l'action se passent dans différens lieux, sans violer l'unité de tems, ne pourroit-on pas me les faire voir où elles se passent, sans la violer davantage ? Quand on me vient dire que Pirrhus est allé au Temple avec Andromaque, & qu'on me raconte ce qui s'y est passé, me faudroit-il plus de tems pour voir l'action, que pour en attendre le récit? Non sans doute : mais on s'est imposé la loi de ne point changer de Scene ; & l'on me dérobe par-là de grands spectacles qui feroient sans doute tout une autre impression que le récit le plus élégant.

Vous appuïez vôtre sentiment d'une comparaison bien riante, mais qui n'en est pas plus solide. C'est le propre du riant & des graces de dérober aisément la fausseté. Quand l'imagination est contente, on ne s'avise guéres d'interroger sa raison. Vous dites qu'on seroit choqué de voir deux événemens dans un tableau. Oüi sans doute : car un tableau ne doit représenter qu'un instant ; & deux événemens, deux lieux sont évidemment contradictoires à ce dessein. Il n'en est pas de même d'une Tragédie : elle représente une action successive & qui en renferme plusieurs autres. Il y auroit vingt tableaux à faire des différens momens & des différentes situations d'une Tragédie : donc il ne s'ensuit pas que la multiplicité d'événemens & de lieux qui choqueroit dans un tableau, choquât de même dans une Tragédie ; & vous voïez bien qu'on ne sauroit être trop en garde contre le séduisant des comparaisons.

Il est à propos à présent que je parle un peu plus au long de l'unité d'intérêt. C'est une espece de nouveauté dans mon Ouvrage, & l'endroit qui y mérite le plus d'éclaircissement : puisque vous vous y êtes mépris, beaucoup d'autres ne sauroient manquer de s'y méprendre. J'ai distingué l'unité d'intérêt de celle d'action. Vous croïez que c'est la même chose; mais je me flatte que vous en serez bien-tôt désabusé; & je ne veux que l'Oedipe de Corneille & le vôtre pour la preuve complete de mon sentiment.

Quelle est l'action de l'Oedipe de Corneille ? C'est la recherche du Meurtrier de Laïus. L'impunité du crime a irrité les Dieux contre Thebes; & c'est la punition du Meurtrier qui doit désarmer leur vengeance : c'est donc la recherche, la découverte & le châtiment du coupable qui forment évidemment l'action de la Tragédie. L'action est une. Vous allez voir cependant que dans le cours de cette action unique il y a deux intérêts qui se succedent. Le premier tombe sur Thésée accusé de la mort de Laïus. C'est lui que je vois d'abord en péril; & quand il en sort, le danger retombe sur Oedipe; & Thésée n'est plus dans le reste de la Tragédie qu'un personnage insipide. L'action est la même dans vôtre Oedipe. C'est la découverte du Meurtrier de Laïus : mais comme si vous aviez voulu imiter Corneille dans la duplicité d'intérêt, vous le faites tomber d'abord sur Philoctete qui m'occupe long-tems lui seul ; & quand son péril est passé, vous le faites partir de Thebes avec beaucoup de raison, ce me semble ; car la piece est finie pour lui : elle commence alors pour Oedipe ; & de là jusqu'au dénoüement, c'est à lui seul que je m'intéresse. Je vous avoüe que cela me paroît sans replique. Je ne comprens pas ce que ce peut être qu'unité d'intérêt & unité d'action, si les idées que je viens d'en donner ne sont pas les vraies ; & n'allez pas dire que ce ne soit là qu'une question de mots ; c'est à la lettre une question d'idées. Autrement ce seroit jetter le langage dans une étrange confusion; & dès qu'il y a des idées distinctes & constantes attachées aux termes, disputer des termes, c'est disputer des idées mêmes. J'ai profité de la faute de Corneille & de la vôtre. L'action est la même dans ma Tragédie : mais l'intérêt y est un, puisque le péril des enfans d'Oedipe n'est pas distingué du sien. Ce n'est pas la premiere fois qu'on est éclairé par la méprise des plus habiles.

Tout

Tout ce que j'ai dit jusqu'ici, Monsieur, doit vous mettre au fait de ce qui m'a fait soupçonner que Coriolan, tel que je l'arrange & affranchi des unitez, pourroit plaire à un peuple sensé, mais moins ami des regles. Vous vous recriez d'abord qu'un peuple sensé ne sauroit ne pas être ami des regles. Oüi, Monsieur, si les regles vouloient dire la raison : mais comme elles ne signifient là que des institutions arbitraires, on peut fort bien avoir le sens commun, sans les exiger. Ma pensée ne va donc en cet endroit qu'à prouver que l'unité seule d'un grand intérêt pourroit plaire par elle-même, au lieu que les trois unitez, sechement observées, pourroient encore glacer les Spectateurs. Voilà tout ce que j'ai prétendu insinuer ; & non pas, comme vous voulez le faire croire, qu'on pût s'accommoder parmi nous d'un arrangement si téméraire. Je sais trop combien nous tenons à nos habitudes, & que qui entreprendroit de nous en faire changer, n'auroit pas moins besoin d'adresse que de courage. Prenez-y garde. Ce n'est qu'en me supposant des desseins secrets, que vous vous

B

faites des occasions de Critique ; & si vous m'aviez voulu faire la justice de ne donner les choses que pour ce que je les donne, & dans la précision que la vérité me prescrit, peut-être n'auriez-vous pas entrepris de me combattre.

Permettez-moi, Monsieur, puisque j'y suis, d'ajouter ici sur l'unité d'intérêt quelques idées qui me paroissent utiles : elles serviront de supplément à ce que j'en ai déja dit dans mon Ouvrage.

Ce n'est point assez que l'intérêt soit un, il faut qu'il soit grand, continu, & qu'il croisse jusqu'à la fin. Il faut qu'il soit grand, parce que ce ne peut être qu'à proportion de son importance qu'il émeut : l'on s'en détacheroit bien-tôt, s'il étoit médiocre. L'intérêt, par exemple, est trop petit dans Bérenice. Titus l'épousera-t-il ? Ne l'épousera t-il pas ? L'événement est des plus familiers ; & c'est sur ce défaut que rouloit la plaisanterie de ce tems-là.

  Marion pleure, Marion crie ;
  Marion veut qu'on la marie.

Il faut que l'intérêt soit continu, parce qu'autrement le Spectateur languiroit dans les intervalles, & qu'il ne reprendroit que foiblement une émotion interrompuë. Il faut qu'il croisse jusqu'à la fin, parce que le cœur ne sauroit demeurer long-tems dans le même état ; & qu'il se refroidit, s'il ne s'échauffe.

Voici donc à mon sens ce qui peut contribuer le plus à la continuité d'intérêt : c'est la présence fréquente des personnages pour qui le Spectateur a pris parti. On est bien plus touché quand on les voit, que quand on parle d'eux, par la raison que les malheurs des absens ne font qu'une impression bien languissante, en comparaison de celle qu'on éprouveroit à les voir souffrir. Ainsi les Scenes qui se passent entre les Persécuteurs nous causent un sentiment d'indignation qui par lui-même est désagréable, au lieu que la vûë de ceux qu'on opprime nous cause celui de la pitié qui est le vrai plaisir du Théatre.

De là naît une observation. Si l'intérêt ne tombe que sur un personnage, il est difficile qu'il soit continu dans le sens où je prens ici ce terme : car ce personnage ne peut pas occuper toujours le Théatre; & il y aura néceffairement bien des Scenes foibles, en comparaifon de celles où il paroîtra. Dans l'Ariane de Thomas Corneille, on ne s'intéreffe qu'à cette Princeffe. Tous les autres perfonnages font rebutans ou froids; & la piece n'eft belle & touchante que parce qu'on y voit prefque toujours cette Amante malheureufe nous expofer elle-même fes fentimens, tantôt fa confiance, tantôt fes allarmes, & enfin fon défefpoir. Ainfi le plus fûr eft de faire tomber l'intérêt fur deux perfonnes qui craignent réciproquement l'une pour l'autre, parce qu'alors je puis prefque toujours préfenter aux Spectateurs l'une des deux; & qu'ainfi la pitié, loin de fouffrir le moindre affoibliffement, va croître à mefure que le danger deviendra plus preffant. Comme vous n'attaquez, Monfieur, dans mes Réflexions fur la Tragédie que ce que j'ai dit des unitez, j'ai crû devoir m'étendre un peu fur cette matiére; & tâcher d'obtenir vôtre approbation pour tout l'Ouvrage, en juftifiant ce qui vous en avoit paru défectueux.

Mais vous me faites un nouveau reproche ; & c'eſt ici que vôtre feu redouble, je dirois preſque vôtre colere, tant vous paroiſſez ſcandaliſé de mon audace : mais la paſſion vous a un peu déguiſé les choſes. Vous dites que je veux proſcrire la Poëſie du Théatre, & que je veux donner des Tragédies en Proſe : Eſt-ce donc proſcrire la Poëſie du Théatre de n'en admettre que ce que Racine s'en eſt permis, & d'en retrancher ſeulement les expreſſions épiques qui feroient dégénerer les perſonnages en Poëtes de profeſſion ? Eſt-ce vouloir donner des Tragédies en Proſe que de conjecturer ſeulement qu'elles pourroient plaire, & de n'en oſer donner une toute faite ? Je ne demande qu'une ſimple tolerance pour ceux qui avec de grands talens pour la Tragédie, n'auroient pas celui de la verſification. Je ne veux rien ôter au public ; je voudrois au contraire eſſaïer de l'enrichir. Ne croïez pas, par exemple, que je vous permiſſe la Tragédie en Proſe, ſi j'en étois le maître : nous y perdrions ſûrement un plaiſir : mais j'oſe croire que, malgré ce plaiſir de moins, quelques Génies heureux pourroient nous toucher en Proſe ;

& que la plus grande vérité de l'imitation jointe à toute l'élégance que le genre comporte, nous consoleroit de l'absence des Vers. Qui prendra ma pensée dans toute sa modération, trouvera peut-être que vous en manquez dans vos reproches. Enfin, Monsieur, qu'arriveroit-il de l'épreuve que je desirerois ? Les Tragédies en Prose plairoient, ou ne plairoient pas. Si elles ne plaisoient pas, quoiqu'aux vers près, elles rassemblassent à un haut degré toutes les beautez du genre, qu'aurions-nous perdu ? Nous n'en saurions que mieux à quoi nous en tenir ; & les Vers demeureroient tranquilles dans leur possession. Si elles plaisoient au contraire, n'aurions-nous pas multiplié nos plaisirs ? Car je suis sûr que vous n'appréhendez pas que la Prose fît tomber les Vers : vous comptez trop sur le pouvoir de la mesure & de la rime pour craindre qu'elles pussent avoir du dessous. Franchement je ne le crains pas non plus, quoique le cas ne me paroisse pas absolument impossible. Trouvez bon, Monsieur, que je vous conte un petit fait qui me tiendra lieu de raisonnement.

Je ne sais quel Voïageur nous parle d'une Nation qui faisoit de la Musique un de ses plus grands plaisirs. Les Vers y étoient nez du chant, comme par tout ailleurs. On mesura des paroles aux airs; & l'on ne faisoit point de Vers qui ne se chantassent. Depuis on inventa des Spectacles où l'on représentoit les actions & les avantures des Heros; en un mot, on fit des Tragédies, mais on n'en fit qu'en Musique; & le peuple, charmé du double plaisir que produisoit l'alliance de l'harmonie & de l'imitation des actions humaines, conclut sans hésiter, sur la foi de son plaisir, que c'étoit-là la forme essentielle de la Tragédie. Cependant un Novateur s'avisa de penser autrement: il s'imagina que des Tragédies en Vers, simplement recitées, pourroient plaire; & il osa avancer en public cet étrange paradoxe. Une grande partie de la Nation se souleva contre lui: on l'accusa de méconnoître les véritables idées des choses. Quoi donc, lui disoit-on de toutes parts, comptez-vous pour rien le charme de l'harmonie si puissant sur les hommes? Ne sentez-vous pas combien les diverses inflexions de la Musique relevent les choses indifférentes, & ce qu'elles ajoutent de force aux sentimens & à la passion? Voudriez-vous réduire nos Tragédies à la nudité des Vers? Le Novateur convenoit modestement qu'il y auroit de la perte du côté de l'oreille ; mais peut-être, représentoit-il, y regagneroit-on du côté de l'imitation ; & puisque les hommes ne parlent point en Musique, les actions & les sentimens n'en paroîtroient que plus vrais par les seules inflexions du langage ordinaire. Non, lui répondit-on, cela même y devroit nuire : les Heros des Tragédies nous ressembleroient trop. La majesté & le pathetique qui résultent des sons mariez aux paroles, dégenereroient en une familiarité insipide dans le simple récit. Nous croirions voir des Heros de nos jours; & autant de rabattu sur l'admiration. On lui permit cependant, dans l'espérance de s'en moquer, d'éprouver son nouveau systême. Il fit une Tragédie ; & comme elle étoit touchante, elle fit, malgré le préjugé, une partie de son impression naturelle. On fut touché ; on pleura ; bien des gens ne laisserent pas de la condamner, tout en pleurant. D'autres moins difficiles furent gré de leurs larmes à l'Auteur, & se contenterent de dire que, malgré la supériorité du Spectacle ordinaire, on pourroit encore se divertir à celui-ci. On fit bien-tôt d'autres Tragédies dans ce genre. Peu à peu la nouvelle habitude balança l'ancienne; & ce nouvel usage, traité d'abord de chimerique, se vit dans la suite plus de partisans que le premier. Le Novateur, enhardi par son succès, ne s'en tint pas là. Il osa faire de nouvelles réflexions. Vous n'avez pas encore assez fait, dit-il au peuple. Pourquoi des Vers dans vos Tragédies ? Pourquoi ce reste de Musique dans la représentation des choses ordinaires ? Puisque vous faites agir des hommes, faites-les parler comme des hommes. Vous vous êtes rapprochez de la nature; encore un pas, & vous l'atteindrez. Faites parler vos Acteurs en Prose; & vous aurez une imitation parfaite, & dans sa plus grande naïveté. On eut d'abord quelque peine à s'y habituer: mais enfin on sentit la force & le charme de la vérité; & ces peuples s'étonnent aujourd'hui que leurs ancêtres ne comprissent pas qu'on pût s'accommoder d'une imitation si vraïe.

Il ne reste plus, Monsieur, que ce que j'ai pû dire contre les Vers ; & d'abord vous vous étonnez comme d'un prodige qu'un homme qui en a tant fait, cherche lui-même à les dégrader. Sur cela je vous avoüerai que si je n'avois remarqué en effet que les vrais inconveniens de la versification, je m'applaudirois d'être là-dessus plus raisonnable que ceux qui ne les sentent pas. Je sais qu'un peu d'yvresse sur l'Art où l'on s'exerce, a souvent son avantage : il redouble nôtre courage & nos forces pour en surmonter les difficultez ; & l'on n'y feroit pas des progrès si grands & si rapides, si on le croïoit moins digne de l'estime des hommes. Ainsi, Monsieur, cachez-vous long-tems les défauts des Vers : j'aime à vous voir encore dans l'yvresse : le génie n'en prendra qu'un plus grand essor : mais enfin cela ne prescrit pas contre la raison : elle a droit de revenir sur tout ; & c'est toujours une disposition d'esprit bien estimable que d'être prêt à s'y rendre contre ses propres intérêts. Un Sculpteur peut croire son Art au-dessus de la Peinture : cette préférence qu'il lui donne l'anime à s'y distinguer : mais l'accuseroit-on de mauvais sens, s'il reconnoissoit que la Peinture a l'avantage d'une imitation plus parfaite ? Je dirai plus : il faut se défier, si j'ose parler ainsi, de cet orgüeil de profession : il peut nous jetter dans le mépris de bien des choses qui valent souvent mieux que celles que nous faisons ; & c'est ce qui arrive dans le Bourgeois Gentilhomme au Maître à danser & au Maître de Musique. Tout ne va mal dans le monde selon eux, que parce qu'on n'y sait pas assez la Musique & la Danse. Enfin, Monsieur, quoique j'aime les Vers autant que personne, je suis pourtant bien-aise de les connoître pour ce qu'ils sont. Il faut conserver un peu de discernement jusques dans la passion. Le Misantrope, tout amoureux qu'il est de Celimene, est pourtant frappé de tous ses défauts, tandis que les Marquis ne s'en doutent pas.

Il s'en faut bien que je sois là-dessus aussi témeraire qu'on le pense. Je vous prie d'abord de remarquer que je n'ai parlé que de la versification Françoise. Il ne m'appartient pas d'apprecier les agrémens, ni les difficultez des autres : or en convenant que le goût des Vers est naturel à tous les peuples ; ce que je crois vrai, puisque les Vers sont nez du chant & que l'on a chanté par tout ; il faut convenir aussi que les différens peuples ne se sont pas rencontrez dans les regles qu'ils s'y sont prescrites ; quelques-uns même se sont passé des Vers, & n'ont fait consister la Poësie que dans la magnificence & l'audace des figures. Selon le témoignage de Mr Arnaud * telle est la Poësie des Hébreux que nous reconnoissons pour la plus sublime de toutes. Voici ses paroles. « Ce » n'étoit peut-être que dans le langage » extrêmement figuré que consistoit la » Poësie hébraïque, n'y aïant guéres d'ap- » parence qu'elle consistât en un certain » nombre de pieds & de syllabes, les unes » breves, les autres longues, comme la » Poësie Grecque & Latine ».

Monsieur Arnaud est bien éloigné de soupçonner la moindre rime. Quoiqu'il en soit, les peuples se sont imposé diffé-

* Réponse à la Préface de Monsieur Dubois sur l'Eloquence de la Chaire.

rentes mesures. Quelques-uns ont employé la rime; d'autres ne l'ont pas imaginée, ou l'ont dédaignée. Le caprice y a eu bonne part; & l'habitude a fait le reste : ce qui prouve qu'aucune de ces institutions ne produit par elle-même un plaisir nécessaire & commun à tous les hommes : or quelques Nations doivent avoir été moins heureuses les unes que les autres dans le choix de leurs Vers. Eh pourquoi ne pourroit-ce pas être les François qui s'y seroient le plus trompez ? Voici ce que M. l'Archevêque de Cambrai qui n'est pas le seul de son avis a dit de nôtre versification. Je cite son témoignage, parce qu'il doit être d'un grand poids. Il étoit grand Poëte lui-même dans le plus beau sens de ce terme : Il étoit infiniment sensible à l'harmonie des Vers Grecs & Latins qu'il citoit fréquemment d'abondance de goût : il avoit une connoissance délicate de nôtre langue; & d'ailleurs il avoit lû & relû nos grands Versificateurs, les Corneilles, les Despreaux & les Racines : En un mot, il n'avoit aucun des défauts qui pourroient faire recuser un témoin sur le degoût des Vers. Lisez pourtant ce qu'il a dit des nôtres.

» Les Vers de nos Odes où les rimes
» font entrelacées, ont une varieté, une
» grace & une harmonie que nos Vers
» héroïques ne peuvent égaler. Ceux-ci fa-
« tiguent l'oreille par leur uniformité. Le
« Latin a une infinité d'inverfions & de
» cadences. Au contraire le François n'ad-
» met aucune inverfion de phrafe ; il pro-
» cede toujours methodiquement par un
» Nominatif, par un Verbe & par fon re-
» gime. La rime gêne plus qu'elle n'orne
» les Vers ; elle les charge d'épithetes ; elle
» rend fouvent la diction forcée, & plei-
» ne d'une vaine parure ; en allongeant les
» difcours, elle les affoiblit ; fouvent on a
» recours à un Vers inutile, pour en ame-
» ner un bon. Il faut avoüer que la févé-
» rité de nos regles a rendu nôtre Verfifi-
» cation prefque impoffible. Les grands
» Vers font prefque toujours, ou lan-
» guiffans, ou raboteux «.

Je ne fuis pas à beaucoup près fi difficile que M. de Cambrai ; & il s'en faut
bien que les beaux Vers me paroiffent auffi
rares qu'à lui. Ce que je fais cependant,
c'eft que la rime & la mefure entraînent
bien des improprietez de termes, & de

mauvais arrangemens d'idées. Qui examineroit rigoureusement nos plus grands Poëtes, les convaincroit à chaque page de n'être exacts ni pour la langue ni pour le sens. Que l'on y trouveroit de choses aussi mal arrangées que ces quatre Vers de Monsieur Despreaux !

Quoi ! dira-t-on d'abord, un Ver, une Fourmi,
Un Insecte rampant qui ne vit qu'à demi,
Un Taureau qui rumine, une Chevre qui broute
Ont l'esprit mieux tourné que n'a l'Homme ? Oüi sans doute.

En laissant à part la petite faute de langue dont on ne peut se prendre qu'à la mesure, *ont l'esprit mieux tourné que n'a l'homme*, quoique la regle demandât que ne l'a l'homme ; la force naturelle de la question consiste à passer du moins absurde au plus absurde. Il falloit dire. Quoi ! dira-t-on, un Taureau qui rumine, une Chevre qui broute, une Fourmi, un Ver, un Insecte rampant qui ne vit qu'à demi : mais la rime, *Oüi sans doute*, a tout dérangé ; & elle a détruit la gradation essentielle de l'objection. Combien dans nos plus grands Poëtes trouveroit-on de choses aussi-mal en ordre ? Or il y a bien des gens pour qui les Vers sont trop chers à ce prix. Qu'on les plaigne tant qu'on voudra de n'être pas assez sensibles à l'harmonie, pour pardonner ces petits défauts; ils plaignent les autres à leur tour d'être assez peu sensibles à la perfection du sens, pour s'en passer à si bon marché. Ces pitiez réciproques ne concluent rien. C'est à la raison à décider. Pour vous, Monsieur, vous vantez le charme de la versification en général : mais vous ne touchez à rien de ce que j'ai dit ; & vous pourriez avoir raison dans tout ce que vous alléguez, sans en avoir moins de tort avec moi.

J'ai traité la matiere dans trois morceaux séparez, & dans des vûës toutes différentes. Pour ne rien confondre, vous aviez à combattre dans chaque morceau ce que j'y établis : mais il vous a paru plus commode de vous jetter dans le vague, & de laisser soupçonner seulement que vous me répondiez, en vous gardant bien de le faire.

Dans le premier morceau je veux faire voir les illusions qui naissent des Vers, ce qui, bien loin d'en nier le plaisir, l'établit
formelle-

formellement : car pourquoi des choses conservées en leur entier, & jusques dans leurs tours & dans leurs expressions, deviendroient-elles en Prose si foibles & si languissantes, en comparaison de ce qu'elles nous paroissent en Vers ? si ce n'étoit du plaisir que nous font les Vers par eux-mêmes. Au lieu de prendre ma pensée, je prétens, à ce que vous dites, qu'une Scene de Tragédie, réduite en Prose, ne perd rien de sa force & de sa grace ; pour cela j'y réduits une Scene de Mithridate ; & personne, ajoutez-vous, ne la peut lire. Y avez-vous bien songé, Monsieur ? Quoi ! nos plus grands Poëtes dépoüillez de la rime & de la mesure, & réduits exactement à leurs pensées, ne pourroient plus se lire ! Qui les a jamais dégradez à ce point ? & qui leur fait cet outrage ? Vous, Monsieur, qui voulez les défendre.

Que personne ne puisse lire la Scene en question, le sentiment est bien exageré : mais n'importe. Plus il l'est, plus vous prouvez pour moi, contre vôtre intention : car ne s'ensuit-il pas de là que nous estimons beaucoup moins le sens que la versification ? Et c'est positivement ce que je veux dire : or par une saillie de Philosophe qu'il faut, s'il vous plaît, me passer, je fais quelque honte à des hommes raisonnables, d'estimer plus un bruit mesuré, que des idées qui les éclairent, ou des sentimens qui les touchent ; & je dis que le soin de mesurer ce bruit qu'on appelle si mal-à-propos enthousiasme, n'est en soi qu'un travail aussi pénible que frivole. Je n'en veux d'autre témoin que vous, Monsieur. Combien de fois dans vos sécheresses & dans l'impuissance d'exprimer vos pensées, avez-vous traité de folie la rime & la mesure qui vous arrêtoient ? Combien de fois avez-vous éprouvé comme Despreaux que la rime quinteuse disoit noir, quand vous vouliez dire blanc ? Prenez-y garde, en passant, la Prose dit blanc dès qu'elle le veut ; & voilà son avantage. Despreaux a maudit élegamment l'insensé qui inventa la rime & la mesure, & qui s'avisa d'y enchaîner la raison. Tout son enthousiasme dans cette Satire se réduisoit à rêver long-tems sans succès ; à effacer des pages entieres ; à n'écrire quatre mots que pour en effacer trois ; en un mot, à ne pouvoir se contenter & à s'en plaindre. Vous me direz qu'il a surmonté la difficulté. Il est vrai, Monsieur, mais pour des pensées si communes, qu'à peine les auroit-il jugées dignes d'être dites, si elles lui avoient moins coûté. Ce Suisse si Philosophe, qui a écrit sur les François & les Anglois, a remarqué ce vuide & ce frivole dans plusieurs Ouvrages de nôtre grand Versificateur qui, à son avis, n'a pensé que bien superficiellement : mais, il faut l'avoüer, c'est par cela même qu'avec une grande élegance de détail, il en est plus agréable au grand nombre.

J'ose vous le demander à vous-même : d'où viennent les corrections multipliées que vous faites tous les jours à vos Poëmes ? si ce n'est, comme je l'ai dit, que pour un homme difficile les Vers ne sont jamais achevez.

J'ai remarqué une seconde illusion : c'est qu'on s'imagine souvent sentir dans les Vers de la Poësie qui n'y est pas ; & la Scene de Mithridate, réduite en Prose, prouve parfaitement ma pensée, puisqu'on est surpris de n'y pas trouver une expression qui ne convienne au stile libre. Cette illusion est d'autant plus dangereuse, que les Auteurs tragiques, s'imaginant qu'il faut toujours de la Poësie dans les Vers, s'abandonnent mal-à-propos à l'excès des figures, & qu'ils sont enflez & recherchez où ils ne devroient être que d'une simplicité élégante. On fait vanité de porter l'Epique dans la Tragédie : en croïant la parer, on la déguise. Les personnages paroissent souvent composer de beaux Vers, plûtôt qu'exposer des sentimens. Au lieu de ne se permettre que des discours naturels, on les surcharge d'expressions poëtiques qui ne sont pas du caractere de la passion, & dont le Misantrope diroit bien.

affectation pure ;
Et ce n'est pas ainsi que parle la nature.

J'en conviens pourtant : n'a pas ces défauts qui veut. Je sais estimer le degré d'imagination qui en est la source : mais je sais aussi qu'il faut maîtriser cette imagination dominante, & l'assujettir toujours à la raison & aux convenances. Des beautez déplacées deviennent de véritables fautes. Voilà tout ce que j'établis dans ce premier morceau ; & vous le laissez dans son entier, puisque vous n'en avez rien combattu.

Le second est une Ode, où, sans versification, j'essaïe poëtiquement tous les genres. J'y reconnois les vrais avantages des Vers, l'admiration qui naît de la difficulté surmontée, le plaisir de l'oreille par les nombres quoiqu'arbitraires, les efforts que la contrainte même des Vers fait faire à l'esprit, & qui quelquefois lui font trouver mieux qu'il ne cherchoit, l'empire que l'habitude leur a donné sur nous, & les secours qu'ils prêtent à la mémoire; & je concluds seulement, malgré tous ces avantages, qu'il reste à la Prose celui d'être plus maîtresse du discours. Vous n'aviez, pour me combattre, à m'objecter que deux choses, ou l'oubli de quelqu'avantage des Vers, ou la fausseté de celui que j'attribuë à la Prose. Vous n'avez fait ni l'un, ni l'autre; & la raison ne vous l'a pas permis. En effet depuis le petit soulevement que j'ai causé au Parnasse, je n'entens contre moi que mes propres raisons; & le plaisant est qu'on pense m'ouvrir les yeux, & qu'en me répétant, on veüille m'apprendre à moi-même ce que j'ai dit. Ainsi ce second morceau demeure encore sans réponse.

Le troisiéme est ma Réponse à M. de la Faye. Je répons précisément à chacune de ses raisons. Il falloit, pour me combattre, me prouver l'insuffisance de quelqu'une de mes réponses; & c'est encore ce que vous n'avez pas fait. Monsieur de la Faye, pour la préférence de la versification, ne m'allegue que des raisons très-foibles, parce qu'il n'y en a pas d'autres; & il avoit le droit de s'en contenter, puisqu'il me parle en Vers où le spécieux suffit de reste : mais c'est en usurper le privilege que de n'en avoir pas dit de meilleures en Prose.

Que combattez-vous donc, Monsieur? Vous me direz sans doute que c'est le résultat de tout ce que j'ai avancé : mais vous allez voir que vous n'y touchez pas plus qu'au détail. Voici ce que j'ai résumé moi-même.

Il y a bien des gens qui aiment les Vers, malgré tous leurs inconveniens; & malgré toutes mes réflexions, je suis moi-même de ce nombre. Aïons donc des Vers, puisqu'il nous en faut ; encourageons les Versificateurs ; attachons même la gloire à la peine qu'ils se donnent, puisqu'autrement personne ne la prendroit : mais comme il y a aussi des gens raisonnables à qui la contrainte & la monotonie des Vers déplaisent ; & qu'il y a d'ailleurs des Ecrivains qui, n'étant pas Versificateurs, ont pourtant de quoi réüssir en Prose dans tous les genres, comme M. de Fenelon l'a fait dans le Poëme épique, laissons la liberté des stiles, afin de contenter tous les goûts.

Loin de détruire ce résultat, vous le confirmez vous-même, sans le vouloir. Il y a une infinité de gens de bon sens, dites-vous, qui n'aiment point la Poësie, faute de la connoître. Eh bien, Monsieur, ces gens de bon sens sont-ils indignes de toutes les imitations que les Versificateurs s'arrogent à eux seuls ? Et puisqu'il y a des Ecrivains qui, aux Vers près, peuvent leur en procurer le plaisir, ne voilà-t-il pas des Auteurs & des Lecteurs faits les uns pour les autres ? Pourquoi leur interdire l'usage de leurs talens & de leur goût ? De bonne foi cela seroit-il raisonnable ?

Que combattez-vous donc encore une fois? Une idée qui n'est pas la mienne; & c'est la méprise qui regne dans toute vôtre Préface. Vous croïez que je veux aneantir les unitez; que je veux bannir la Poësie du Théatre; & enfin que je veux proscrire les Vers. Je n'ai rien dit de tout cela; & ce n'est pourtant que cela que vous combattez.

Vous pourriez m'interroger à vôtre tour & me demander d'où vient que vos soupçons sont précisément l'idée que bien des gens ont retenuë de mes réflexions sur les Vers? Je vous répondrai naïvement, Monsieur: En voici, ce me semble, la raison. C'est que d'un côté accusant les Vers de nous séduire souvent sur le fond des choses, remarquant de l'autre beaucoup d'inconveniens qu'entraînent la rime & la mesure, jettant quelquefois du ridicule sur l'enthousiasme prétendu des Versificateurs, les chargeant encore un peu de la puerilité & du badinage des bouts-rimez qui ne se sentent que trop dans les meilleurs Ouvrages; & enfin détruisant la vaine préference qu'ils se donnent sur les autres

sur la Tragédie, &c. 41

tres Ecrivains, j'ai donné lieu de soupçonner que je méprisois assez les Vers, pour en condamner tout-à-fait l'usage: mais non, Monsieur, je le répéte, ce n'est point là ma conséquence; & vous auriez dû le voir: car un Critique n'en est pas quitte, pour soupçonner; il y doit regarder de plus près.

Puisque les Vers nous plaisent, malgré ce qu'il en coûte souvent à la justesse & aux convenances, je n'ai garde de les proscrire; & sans examiner davantage d'où peut naître le plaisir qu'ils nous font, si c'est de l'admiration de la difficulté surmontée, ou du pouvoir de l'habitude, presqu'aussi puissante sur les hommes que la nature, ou même d'une mesure simetrique qui, comme je l'ai dit, satisfait en nous un goût naturel; pourvû qu'elle ne dégénere pas en une uniformité continuë, & contraire à un autre goût aussi naturel qui est celui de la variété; sans, dis-je, entrer dans ces discussions, désormais inutiles & ennuïeuses, il me suffit que les Vers plaisent, pour ne pas souhaiter qu'on s'en prive. Je vous invite moi-

D

même à nous en donner le plus qu'il sera possible. Vous avez de quoi en éviter les inconveniens mieux que beaucoup d'autres; & j'ose vous l'assurer, sur la foi de mon goût pour les Vers & de mon estime pour vous, je serai toujours un de vos plus sensibles & de vos plus zélez Approbateurs.

APPROBATION.

J'A y lû par Ordre de Monseigneur le Garde des Sceaux, ces *Réflexions*, &c. & les ai trouvées également ingenieuses & solides. Fait à Paris ce 12. Mars 1730.

FONTENELLE.

PRIVILEGE DU ROY.

LOUIS PAR LA GRACE DE DIEU ROY DE FRANCE ET DE NAVARRE: A nos amez & feaux Conseillers les Gens tenans nos Cours de Parlement, Maîtres des Requêtes Ordinaires de notre Hôtel, grand Conseil, Prevôt de Paris, Baillifs, Sénéchaux, leurs Lieutenans Civils, & autres nos Justiciers qu'il appartiendra; SALUT. Notre cher & bien amé le Sieur HOUDART DE LA MOTTE, l'un des quarante de notre Académie Françoise, Nous ayant fait exposer qu'il souhaiteroit faire imprimer & donner au Public des Ouvrages de sa composition; *ses Oeuvres, tant en Prose qu'en Vers*; s'il Nous plaisoit lui accorder nos Lettres de Privilege sur ce nécessaires, offrant pour cet effet de les faire imprimer en bon papier & beaux caracteres, suivant la feüille imprimée & attachée pour modele sous le contrescel des Présentes; à ces causes voulant traiter favorablement ledit sieur Exposant, & reconnoître en sa personne la distinction que mérite son travail & ses talens, & procurer au Public l'utilité qu'on peut retirer de ses Ouvrages, qui ont été toujours reçûs avec applaudissement; Nous lui avons permis & permettons par ces Présentes de faire imprimer lesdites Oeuvres diverses ci-dessus spécifiées, en un ou plusieurs volumes, conjointement ou séparement, & autant de fois que bon lui semblera, sur papier & caracteres conformes à ladite feüille imprimée & attachée sous notredit contrescel, & de les faire vendre & débiter par tout notre Royaume, pendant le tems de dix années consécutives, à compter du jour de la datte desdites présentes; Faisons défenses à toutes sortes de personnes de quelque qualité & condition qu'elles soient, d'en introduire d'impression étrangere dans aucun lieu de notre obéissance, comme aussi à tous Libraires Imprimeurs, & autres, d'imprimer, faire imprimer, vendre, faire vendre, débiter ni contrefaire lesdites Oeuvres diverses ci-dessus exposées, en tout ni en partie, ni d'en faire aucuns extraits sous quelque prétexte que ce soit, d'augmentation, correction, changement de titre, même de traduction en langue Latine, ou en quelque autre sorte de langue que ce puisse être ou autrement, sans la permission expresse & par écrit dudit sieur Exposant, ou de ceux qui auront droit de lui ; à peine de confiscation des Exemplaires contrefaits, de six mille livres d'amende contre chacun des contrevenans, dont un tiers à nous, un tiers à l'Hôtel-Dieu de Paris, l'autre tiers audit sieur Exposant, & de tous dépens, dommages & interêts ; à la charge que ces Présentes seront enregistrées tout au long sur le Registre de la Communauté des Libraires & Imprimeurs de Paris, dans trois mois de la date d'icelles ; que l'impression de ces Ouvrages sera faite dans notre Royaume & non ailleurs, & que l'Impétrant se conformera en tout aux Reglemens de la Librairie, & notamment à celui du 10. Avril 1725. & qu'avant que de les exposer en vente, les manuscrits ou imprimez qui auront servi de copie à l'impression desdits Ouvrages, seront remis dans le même état où les Approbations y auront été données, ès mains de notre trés-cher & féal Chevalier Garde des Sceaux de France, le Sieur CHAUVELIN; & qu'il en sera ensuite remis deux Exemplaires de chacun dans notre Bibliotheque publique, un dans celle de notre Chateau du Louvre, & un dans celle de notredit trés-cher & féal Chevalier Garde des Sceaux de France, le Sieur CHAUVELIN; le tout à peine de nullité des Présentes, du contenu desquelles vous mandons & enjoignons de faire joüir ledit sieur Exposant, ou ses ayans causes, pleinement & paisiblement, sans souffrir qu'il leur soit fait aucun trouble ou empêchement. Voulons que la copie desdites Présentes, qui sera imprimée tout au long, au commencement ou à la fin desdits Ouvrages, soit tenuë pour duëment signifiée, & qu'aux copies collationnées par l'un de nos amez & feaux Conseillers & Secretaires, foi soit ajoutée comme à l'original. Commandons au premier notre Huissier ou Sergent, de faire pour l'exécution d'icelles tous Actes requis & nécessaires, sans demander autre permission & nonobstant clameur de Haro, Charte Normande & Lettres à ce contraires. CAR tel est notre plaisir. DONNE' à Paris le troisiéme jour du mois de Juin, l'an de grace 1729. & de notre Regne le quatorziéme. Par le Roy en son Conseil.

SAINSON.

J'ai cédé le préfent Privilege au Sieur DUPUIS, pour en jouir en mon lieu & place, fuivant les conventions faites entre nous. Fait à Paris, ce 11. Juin 1729.

HOUDART DE LA MOTTE.

Regiftré enfemble la Ceffion de l'autre part fur le Registre VII. de la Chambre Royale des Libraires & Imprimeurs de Paris, N. 368. Fol. 312. conformément aux anciens Reglemens confirmez par celui du 28. Février 1723. A Paris le 17. Juin 1729.

Signé, P. A. LE MERCIER, Syndic.

www.ingramcontent.com/pod-product-compliance
Lightning Source LLC
Chambersburg PA
CBHW070717050426
42451CB00008B/688